चित्त-चंपा

हृदय से निकली 53 पुष्प-गीत एवं कविताएँ

AF686822

स्मृति आर्या

Made with ♥ on the Notion Press Platform
www.notionpress.com

समर्पण

यह पुष्प-कविताएँ मेरे उन प्रियजनों को समर्पित हैं, जिन्होंने मेरे जीवन में चंपा की तरह सुगंध भरी है।

उन हाथों को समर्पित, जिन्होंने मेरे 'चित्त' में संवेदना के बीज बोए, और मुझे 'चंपा' जैसा खिलना सिखाया।

उस 'एक' प्रेरणा को समर्पित, जिसके बिना हृदय से ये पुष्प-कविताएँ कभी नहीं निकल पातीं।

क्रम-सूची

क्रम-सूची

क्रम-सूची

प्रार्थना

सरस्वति नमस्तुभ्यं वरदे कामरूपिणि ।
विद्यारम्भं करिष्यामि सिद्धिर्भवतु मे सदा ॥

हे वाग्देवी! वीणापाणि माँ सरस्वतीहे ज्ञान की देवी
इन शब्दों को अमृत कर दो,जो भी पढ़े, उसका अंतरमन
सुवासित कर दो।

कवयित्री के बारे में

स्मृति आर्या समकाaलीन संस्कृत-हिंदी साहित्य की उन उभरती हुई युवा रचनाकारों में से हैं, जिनके भीतर गुरुकुल की साधना, संस्कृत की गहराई, और नारी-शक्ति का तेज एक साथ दीखता है। उन्होंने हाल ही में काशी हिन्दू विश्वविद्यालय, वाराणसी के कला संकाय, संस्कृत विभाग से एम.ए. की शिक्षा पूर्ण की है। उनकी वैदिक-संस्कृत शिक्षा की जड़ें अत्यन्त सुदृढ़ हैं, क्योंकि उन्होंने अपनी औपचारिक एवं संस्कारित शिक्षा पाणिनि कन्या महाविद्यालय में कक्षा 6 से लेकर शास्त्री तक गुरुकुलीय पद्धति से प्राप्त की है।"

स्मृति का जन्म 15 अक्टूबर 2003 को मुज़फ्फरपुर (बिहार) में एक संस्कारी एवं सरल परिवार में हुआ। उनकी माता का नाम श्रीमती अनीता राज रानी तथा पिता का नाम श्री शंकर राय है। परिवार में तीन बहनें और एक भाई हैं, जिनमें से स्मृति सबसे छोटी हैं।

घर का वात्सल्य, माँ की ममता और पिता की सादगी ने ही उनके व्यक्तित्व में संवेदनशीलता, कृतज्ञता और संघर्ष-शीलता का सुंदर समन्वय रचा है।

पाणिनि कन्या महाविद्यालय में बिताए गए वर्षों ने उनके जीवन की दिशा ही बदल दी। वेद-मंत्र, यज्ञ-परंपरा, प्रार्थना, व्याकरण, शास्त्र-अध्ययन और आचार्याओं के सान्निध्य ने स्मृति के मन में संस्कृत, संस्कार और सेवा के बीज बो दिए।

वहीं से उनमें -

- मंत्रोच्चारण में निपुणता, कर्मकाण्ड में पारंगतता और व्याकरण के प्रति विशेष रुचि - विकसित हुई।

यही कारण है कि उनकी कविताओं में संस्कृत की गूँज, हिंदी की सरलता, और जीवन-अनुभवों की सच्चाई साथ-साथ चलती दिखती है।

स्मृति केवल साहित्य और शास्त्र तक सीमित नहीं हैं, बल्कि वे शारीरिक रूप से भी अत्यन्त सशक्त और अनुशासित हैं।

उनकी प्रमुख गतिविधियाँ एवं उपलब्धियाँ -

- योग की साधक - *जिला स्तरीय योग प्रतियोगिता में प्रथम स्थान*
- कराटे में दक्ष - *डिस्ट्रिक्ट लेवल कराटे प्रतियोगिता में सिल्वर मेडल,*
- *ओपन नेशनल कराटे प्रतियोगिता में दो ब्रांच मेडल*
- ब्लैक बेल्ट - जो उनकी सतत साधना और अनुशासन का प्रमाण है।
- आर्य वीरांगना दल में शारीरिक व्यायाम में *प्रथम स्थान* प्राप्त।
- लाठी, भाला, तलवार आदि पारंपरिक अस्त्र-शस्त्रों में अभ्यास एवं प्रवीणता।

इन सबके कारण स्मृति केवल "कवयित्री" ही नहीं, बल्कि "कलम और कराटे की संगम-शक्ति" के रूप में उभरती हैं - जहाँ शब्दों में कोमलता है, तो व्यक्तित्व में दुर्गा-शक्ति की दृढ़ता भी।

स्मृति को बचपन से ही लेखन के प्रति विशेष लगाव रहा है। गुरुकुल के वातावरण, भगिनियों का स्नेह, आचार्याओं की डाँट में छिपा प्रेम, माँ-पिता के लिए कृतज्ञता, नारी-शक्ति, भारत-प्रेम, प्रकृति, बचपन की स्मृतियाँ - ये सब उनकी कविताओं के मुख्य विषय हैं।

उनका व्यक्तित्व केवल पढ़ने-लिखने तक सीमित नहीं, वे सेवा-कार्यों में भी अग्रणी रहती हैं - चाहे गुरुकुल की आंतरिक सेवाएँ हों, हवन-कर्म हो, अतिथियों की सेवा हो या कार्यक्रमों में सक्रिय भूमिका - स्मृति हर स्थान पर समर्पण-भाव के साथ उपस्थित रहती हैं।

इसी बहुमुखी प्रतिभा, शारीरिक-मानसिक संतुलन और अध्ययन में मेधावी होने के कारण उन्हें "प्रबुद्ध छात्र सम्मान" से भी अलंकृत किया जा चुका है।

स्मृति की कविताएँ

- कहीं माँ के आँचल की शीतल छाँव हैं,
- कहीं पिता के मौन संघर्ष का सम्मान,
- कहीं बेटी के आत्म-सम्मान की घोषणा,
- तो कहीं गुरुकुल, काशी और वेद-संस्कृति के प्रति गर्व-भाव।

उनकी रचनाओं में एक ओर कोमल भावनाएँ, बचपन की यादें, दोस्ती, अकेलापन, आत्म-संवाद हैं, तो दूसरी ओर नारी-सशक्तिकरण, आत्मनिर्भरता, साहस और स्वाभिमान की स्पष्ट आवाज़ भी।

स्मृति आर्या, वस्तुतः

“संस्कृत की साधिका, योग की साधक, शस्त्र-कला की वीरंगना
और शब्दों की सृजन-शील कवयित्री” हैं -
जो आने वाले समय में न केवल गुरुकुल-परिवार,
बल्कि भारतीय साहित्य-जगत में भी अपना विशिष्ट स्थान बनाएँगी।

प्रस्तावना

जब मैंने पहली बार कलम उठाई थी, तब मुझे नहीं पता था कि शब्द इतने अपने बन जाएंगे। गुरुकुल के वातावरण में पली-बढ़ी मैं–जहाँ भोर की वेद-ध्वनि, यज्ञशाला की अग्नि, आचार्याओं की शिक्षा, भगिनियों की मुस्कान और आत्मानुशासन की कठोर साधना–सब मेरे व्यक्तित्व का हिस्सा बन चुके थे–उन्हीं पलों को अपने भीतर कहीं संजोकर चलती रही। शायद इन्हीं अनुभवों की तपस्या ने ही मुझे लिखना सिखाया। मेरी कविताएँ कोई बड़ी साहित्यिक आकांक्षा से जन्मी रचनाएँ नहीं हैं, बल्कि वे मेरे जीवन के वे छोटे-छोटे क्षण हैं जिन्हें दिल ने महसूस किया और कलम ने सहर्ष स्वीकार कर लिया।

मैं मुज़फ्फरपुर की एक साधारण-सी लड़की हूँ, जिसका पालन-पोषण प्रेम, अनुशासन और संस्कारों की उस मिट्टी में हुआ, जहाँ माँ-पिता का स्नेह सबसे बड़ा वरदान था। पाणिनि कन्या महाविद्यालय में बिताए गए वर्षों ने मेरे भीतर वह दृष्टि विकसित की, जिसने दुनिया को केवल बाहरी चकाचौंध में नहीं, बल्कि उसके मूल भावों में देखना सिखाया। वहाँ मैंने न केवल वेद, संस्कृत और व्याकरण सीखा, बल्कि जीवन को कैसे जीया जाता है–यह भी सीखा। इसलिए मेरी कलम जब लिखती है, तो उसमें गुरुकुल की मिट्टी की महक, भगिनियों की हँसी की गूँज, यज्ञ की अग्नि की तपिश और आचार्याओं की डाँट में छिपे वात्सल्य की छाप स्पष्ट दिखाई देती है।

इस संकलन की कई रचनाएँ मेरी उन्हीं स्मृतियों की उपज हैं–जहाँ

मैंने कभी किसी बहन को रोते देखा, कभी किसी को हँसते हुए पूरी दुनिया भुलाते देखा, और कभी खुद को अकेले में विचारों से जूझते महसूस किया। मैं मानती हूँ कि जीवन का सबसे बड़ा शिक्षक अनुभव होता है। इसलिए इन कविताओं में कहीं अकेलेपन की टीस है, कहीं आत्मबल का स्वर, कहीं घर की याद है, कहीं नारी-शक्ति की पुकार, और कहीं माता-पिता की छवि को शब्दों में सजाने की कोशिश।

नारी-शक्ति पर लिखी मेरी कविताएँ मेरे बाहरी संघर्षों की नहीं, बल्कि मेरे भीतर के आत्मविश्वास की भाषा हैं। मैं कई वर्षों से योग, लाठी, भाला, तलवार, कराटे, व्यायाम आदि में प्रशिक्षित रही हूँ। प्रतियोगिताओं में मेडल मिलना–जिला स्तर पर योग में प्रथम स्थान, कराटे में राष्ट्रीय उपलब्धियाँ, नियर ब्लैक बेल्ट–ये सब मेरे लिए केवल उपलब्धियाँ नहीं, बल्कि यह भावना हैं कि "बेटी मजबूत है, सक्षम है, और किसी भी परिस्थिति में स्वयं को संभाल सकती है।" इसलिए जब भी मैं "बेटी", "नारी", "वीरांगना" या "शक्ति" पर लिखती हूँ, तो वह मेरे लिए केवल कविता नहीं, बल्कि एक जीवन-सत्य होता है।

माँ पर लिखी मेरी रचनाएँ उनकी ममता का छोटा-सा प्रतिदान हैं। मैं जानती हूँ कि कोई भी लेखनी माँ का ऋण नहीं चुका सकती, पर मैं चाहती थी कि मेरे शब्द कम-से-कम उनके प्रति मेरी कृतज्ञता को छू सकें। पिता पर लिखी पंक्तियों में वह प्रेम छिपा है जिसे हम बेटियाँ अक्सर कह नहीं पातीं–पर महसूस हमेशा करती हैं। घर से दूर गुरुकुल में रहकर माँ-पिता की याद ही मेरी सबसे बड़ी प्रेरणा बनी।

काशी हिन्दू विश्वविद्यालय में संस्कृत का अध्ययन करते हुए मैं अब भी वही गुरुकुल की लड़की हूँ, जो वेद-मंत्रों की गूँज में अपनी पहचान खोजती है और शब्दों में अपने मन की दुनिया पहुँचाती है। यह कविताएँ मेरे जीवन के वे पड़ाव हैं जिन्हें मैं पाठकों के साथ साझा करना चाहती हूँ, ताकि वे भी मेरी इस यात्रा का हिस्सा बन सकें।

मेरी इच्छा है कि इस संकलन को पढ़ने वाला हर व्यक्ति–चाहे वह विद्यार्थी हो, माता-पिता हों, गुरुजन हों, या मेरी जैसी उम्र की कोई बहन–इन पंक्तियों में कहीं-न-कहीं अपने दिल का एक छोटा हिस्सा ढूँढ पाए। यदि मेरी लिखी एक भी कविता किसी हृदय को छू सके, किसी मन को सान्त्वना दे सके, किसी बेटी को अपनी शक्ति याद दिला सके, या किसी युवा को अपने लक्ष्यों की ओर एक कदम आगे बढ़ने की प्रेरणा दे सके, तो ये मेरे लिए सबसे बड़ी उपलब्धि होगी।

मैं इस संग्रह को अपने माता-पिता, अपने गुरुजनों, अपनी गुरुकुल बहनों, और उन सभी व्यक्तियों को समर्पित करती हूँ जिन्होंने प्रत्यक्ष या परोक्ष रूप से मुझे वो दृष्टि दी, जिसके बिना यह काव्य जन्म ही नहीं ले पाता।
मेरी यह यात्रा अभी प्रारम्भ है–और यह पुस्तक मेरे जीवन का पहला ऐसा पड़ाव है जिसे मैं पूरी श्रद्धा, प्रेम और आभार के साथ पाठकों के चरणों में समर्पित करती हूँ।

- स्मृति आर्या

आचार्या-वाणी

प्रिय स्मृति,

तुम्हें अपनी कविताओं के इस प्रथम संकलन के साथ आगे बढ़ते देख हृदय अत्यंत प्रसन्न है। गुरुकुल में प्रवेश के प्रथम दिवस से ही तुम्हारे भीतर एक असाधारण जिज्ञासा, अनुशासन और संवेदनशीलता दिखाई देती रही है। तुम केवल पढ़ने वाली छात्रा नहीं, बल्कि अपने अनुभवों को शब्दों में ढालने वाली, हृदय को अभिव्यक्त करने वाली साधिका हो।

तुम्हारी कविताओं में जो अनुभूति, जो सत्यता, जो वेदना, जो प्रेम, और जो जीवन-समझ दिखाई देती है, वह तुम्हारी साधना और तुम्हारे अंतःकरण की पवित्रता का प्रमाण है। विशेषकर तुम्हारी माँ, पिता, गुरुकुल एवं नारी-शक्ति पर लिखी गई पंक्तियाँ–सिर्फ शब्द नहीं, बल्कि एक संस्कारित आत्मा की ध्वनि हैं।

गुरुकुल में तुम्हारा व्यवहार, सेवा-भाव, अनुशासन और परिश्रम सदैव अनुकरणीय रहा है। तुमने योग, व्यायाम, लाठी, भाला, कराटे में जो कौशल प्राप्त किया, वह तुम्हारे आत्मविश्वास और साहस का परिचायक है। मुझे पूर्ण विश्वास है कि आगे चलकर तुम संस्कृत-साहित्य, भारतीय संस्कृति और नारी-शक्ति की प्रतिनिधि बनकर समाज में नई प्रेरणा जगाओगी।

तुम्हारी यह पुस्तक केवल कविताओं का संग्रह नहीं, बल्कि तुम्हारे निर्मल मन का प्रतिबिंब है।

तुम्हारे उज्ज्वल भविष्य, सतत प्रगति और साहित्य-माधुरी के अनंत विस्तार के लिए हृदय से आशीर्वाद।

- आचार्या नंदिता शास्त्री
पाणिनि कन्या महाविद्यालय, काशी

आशीर्वचन

प्रिय स्मृति,

तुम्हारे इस काव्य-संग्रह को पढ़कर मैं हृदय से संतुष्ट भी हूँ और गर्वित भी। जिस प्रकार तुमने जीवन की छोटी-बड़ी अनुभूतियों को काव्य-रूप में बाँधा है, वह तुम्हारी संवेदनशील दृष्टि, भाव-सम्पन्न मन और भाषिक क्षमता को प्रमाणित करता है।

संस्कृत, व्याकरण और साहित्य के विद्यार्थी के रूप में तुम सदैव गंभीर, एकाग्र और जिज्ञासु रहीं हो। तुम्हारे अध्ययन में गहराई और सादगी दोनों साथ-साथ दिखाई देते हैं। यही गुण तुम्हारी कविताओं में भी स्पष्ट है।

कहीं तुम्हारी पंक्तियाँ भावुकता से ओत-प्रोत हैं, कहीं उनमें नारी-शक्ति की दृढ़ता दिखती है, कहीं परिवार के प्रति अनन्य प्रेम झलकता है, और कहीं जीवन-दर्शन की शांत ध्वनि सुनाई देती है। यह बहुरंगीपन एक परिपक्व लेखनी का चिह्न है।

विशेषकर तुम्हारी वे रचनाएँ जहाँ तुमने गुरुकुल, संस्कृत, वेद-ध्वनि, और अपनी आध्यात्मिक यात्रा का वर्णन किया है—वहाँ एक साधक का प्रांजल हृदय प्रतिष्ठित दिखाई देता है। हर पंक्ति में ईमानदारी, हर शब्द में सहजता और हर अनुभूति में जीवन की गहरी समझ है।

मुझे पूर्ण विश्वास है कि तुम्हारी साहित्य-यात्रा अभी आरम्भ है

और तुम आगे चलकर उच्च साहित्यिक क्षितिजों को स्पर्श करोगी।

सदैव आशीर्वाद।

- डॉ. प्रीति विमर्शिनी
पाणिनि कन्या महाविद्यालय, काशी

आशीर्वाणी

प्रिय स्मृति,

तुम्हारे इस काव्य-संग्रह को देखकर ऐसा प्रतीत होता है जैसे गुरुकुल के वर्षों का सार एक पुस्तक में उतर आया है। तुम्हारी मुस्कान, तुम्हारा परिश्रम, तुम्हारी सादगी और तुम्हारा सेवा-भाव–इन सबका प्रतिबिंब तुम्हारी कविताओं में सुंदर रूप से दिखता है।

मैंने तुम्हें कई बार भाला-लाठी के अभ्यास में पसीना बहाते देखा है, और उतनी ही तल्लीनता से यज्ञशाला में मंत्रोच्चारण करते भी। तुमने गुरु-माता की डाँट को भी प्रेम की तरह स्वीकार किया और भगिनियों के साथ हर परिस्थिति में सामंजस्य बनाए रखा। यही गुण तुम्हें विशेष बनाते हैं।

तुम्हारी कविताएँ पढ़ते समय ऐसा लगा कि तुम केवल लिखती नहीं, बल्कि जीती हो।

- माँ पर लिखी पंक्तियों में कृतज्ञता है,
- पिता पर लिखी रचनाओं में भावुकता,
- गुरुकुल पर लिखी कविताओं में स्मृतियों की महक,
- और नारी-शक्ति पर लिखे गीतों में एक योद्धा का आत्मविश्वास।

तुम्हारा हृदय संवेदनशील है, परंतु मन दृढ़। यही समन्वय तुम्हें

दूर तक ले जाएगा।
तुम्हारी प्रगति, तुम्हारा साहस और तुम्हारी सरलता–इन तीनों पर हमें गर्व है।
ईश्वर तुम्हारी राहें उज्ज्वल करे और शब्दों का यह प्रकाश यूँ ही फैलता रहे।

स्नेहपूर्ण आशीर्वाद सहित,

- संजीवनी
पाणिनि कन्या महाविद्यालय, काशी

1. गुरुकुल की सुनहरी स्मृतियाँ

गुरुकुल में बीते दिन कितने सुनहरे थे,
परिवार से दूर होते हुए भी, वहाँ एक नया परिवार था।
दो मातृ-स्वरूपा आचार्या के सान्निध्य में,
सौ से अधिक बहनों का हँसता-खिलखिलाता संसार था।
कभी भगिनियों से प्रेम अपार मिलता था,
कभी आचार्या जी की डाँट में छुपा दुलार मिलता था।
डाँट के बाद जो मुस्कुराहट मिलती, वो अनोखा सुख देती,
जैसे बादल के बाद इंद्रधनुष का आना तय हो।
कभी व्यायाम के लिए डाँट, कभी हवन के लिए टोकना,
कभी बिना कारण भी हल्की-फुल्की झिड़की सुनना।
शरारतें हमारी थीं, चिंता उनकी,
यही तो "पाणिनि परिवार" की सच्ची तस्वीर थी।

2. दिल की हलचल

कभी-कभी दिल में हलचल सी होती है,
मन बेवजह ही उदास हो जाता है।
शायद वो शख़्स कहीं दूर बैठा होगा,
जो मेरे चेहरे पर फिर से हँसी ला सकता है।
उदासी की धुंध में भी उसका ही चेहरा दिखता है,
लगता है जैसे कोई भीतर से मुझे पुकारता है।
काश वो आकर बस इतना कह दे, "मैं यहीं हूँ",
इस एक जुमले से भी दिल सुकून पा जाता है।

3. वेद-ध्वनि की पहली सुबह

अचानक एक स्थान पर प्रवेश हुआ,
वातावरण कुछ अलग-सा, बहुत शांत लगा।
सुबह का समय, सूर्योदय की सुनहरी किरणें,
और कहीं दूर से आती घंटी की आवाज।
यज्ञशाला में बहनों का आगमन,
मंत्रों की गूँज, धूप की महक, अग्नि की लपटें।
पहली बार वेद-मंत्र इतने पास से सुने,
दिल जैसे किसी और ही लोक में चला गया।
मधुर स्वर, फिर संगीत और आचार्या जी का उपदेश,
यहीं समझ आया - "जीवन की असली कला तो यही है।"

4. अपनी ही परछाईं से रूठी

न जाने क्यों अपने से ही रूठ गई हूँ,
ख़ुद से बातें करना भी अच्छा नहीं लगता।
जिंदगी परेशानियों की परीक्षा लेती जाती है,
और मन है कि अब सँभलने से भी डरता है।
शायद कहीं भीतर कोई उम्मीद अभी बाकी है,
जो टूटना चाहकर भी पूरी तरह टूट नहीं पाती।
ख़ुद से सुलह कर लूँगा एक दिन मैं भी,
बस ये अंदर की ठंडक थोड़ी गरम हो जाए।

5. बेटियाँ - जग की ज्योति

आज हर क्षेत्र में आगे बढ़ रही हैं बेटियाँ,
एक के बाद एक उदाहरण गढ़ रही हैं बेटियाँ।
प्राचीन काल से लेकर आधुनिक समय तक,
हर युग के पन्ने पर स्वर्णिम अक्षरों में अंकित हैं बेटियाँ।
लक्ष्मीबाई, किरण बेदी, पी.टी. ऊषा, सानिया -
इन सबकी छवि में आज की हर बेटी की आभा है।
इन्हें कमज़ोर समझना लोगों की नादानी है,
जिसने तलवार उठाई तो धरती हिल जानी है।
खेल से लेकर शिक्षा तक हर क्षेत्र में नाम रोशन कर रही हैं,
हर घर की असली रोशनी, सच्ची लक्ष्मी हैं बेटियाँ।

6. दर्द छुपाने की आदत

कभी-कभी दर्द छुपाना मुश्किल हो जाता है,
जब ये लगे कि कोई समझने वाला ही नहीं।
सच दिल से गुजरता है तो चुपके से रोना आता है,
पर आंसू भी अब आँखों तक आने से कतराते हैं।
न किसी के आने का ग़म है, न जाने का डर,
बस ये सवाल कि "मेरे हिस्से में कौन है?"
जो मेरे कंधे पर सिर रखकर इतना कह दे,
"तू अकेली नहीं है, मैं तेरे साथ हूँ।"

7. पाणिनि परिवार - एक विस्तृत घर

अलग-अलग राज्यों से चलकर,
एक ही आँगन में समा गए हम।
किसी की बोली अलग, किसी का रहन-सहन अलग,
पर "गुरुकुल" ने सबको एक सूत्र में पिरो दिया।
कभी रसोई में साथ-साथ सेवा,
कभी प्रार्थना में एक स्वर से गूँजते मंत्र।
कभी यज्ञशाला में अग्नि के फेरे,
कभी खेल के मैदान में हँसी के फव्वारे।
यहाँ माँ-पिता से दूर रहकर भी
आचार्या जी में माँ का स्नेह दिखता था।
गुरुजन के रूप में पिता की अनुशासन-छाया,
भगिनियों के रूप में सौ बहनों की मधुर परछाईं।
सच में, "पाणिनि कन्या महाविद्यालय" सिर्फ संस्था नहीं,
एक जीवन भर की स्मृति बन गई है।

8. तेरे बिना

तेरे बिना रहना भी एक मुश्किल काम है,
तेरा एक खयाल भी अब बोझिल सा लगता है।
कैसे सँभाल रही हूँ मैं अपने इस बेक़ाबू दिल को,
ये तो मेरे बस की बात भी नहीं रही अब।
तेरे बिना जो साँसें चल रही हैं न मेरे दोस्त,
वो भी जैसे केवल आदत के सहारे चलती हैं।
दिल अगर तेरे नाम से मुक्त हो पाए कभी,
तो शायद मैं फिर से खुद को पा लूँगी।

9. बरगद की छाँव

धूप में जब बदन तप-तप कर थक जाता है,
तब अचानक एक ठंडी छाँव नज़र आती है।
थका-हारा तन वहीं गिर-सा जाता है,
और मन को जैसे माँ की गोद मिल जाती है।
जब होश आया तो देखा,
वो कोई घर नहीं, एक विशाल बरगद का पेड़ था।
उसकी फैली हुई शाखाएँ जैसे बाँहें फैलाए खड़ी
और ज़मीन पर बिछी छाँव गोद-सी लगती थी।
एक थके हुए इंसान को और क्या चाहिए,
थोड़ी हवा, थोड़ी नींद, और प्रकृति की चुप आशीष।

10. जब कोई सुनने वाला न हो

हमने भी नाराज़ होकर देख लिया एक दिन,
वो हमें नाराज़ छोड़कर आराम से सो गया।
न जाने किस बात की इतनी बड़ी सज़ा मिली,
कि दिल चीखता रहा और वो अनसुना कर गया।
थक चुकी हूँ आँसू छिपाते-छिपाते अब,
घुट-घुटकर जीने से चीखकर रोना बेहतर है।
कोई तो हो जो मेरी ख़ामोशी सुन सके,
पर ऐसा शख़्स अब किस मोड़ पर मिलता है।

11. काशी - वेद, घाट और गुरुकुल

काशी की सुबह में गुरुकुल की एक अलग पहचान है,
जहाँ सूर्योदय से पहले ही आरती की धुन उठती है।
गंगा के घाटों पर जब अस्सी की आरती होती है,
तो गुरुकुल की ब्रह्मचारिणियाँ मंत्रों से उसे और पावन बना देती हैं।
हवन-कुंड की अग्नि और शंख की ध्वनि,
भक्तों का सागर और वेद-मंत्रों का स्वरसमागम।
पुरातन संस्कृति का जीवंत रूप है ये काशी,
हर गली में कोई न कोई कथा सांस लेती है।
घाटों के आसपास बसे छोटे-छोटे गुरुकुल,
जहाँ ब्रह्मचारी-ब्रह्मचारिणियाँ तपस्या में रत हैं।
विद्या की राजधानी भी तो यही काशी है,
जहाँ ज्ञान, भक्ति और वैराग्य - तीनों साथ रहते हैं।
सच में, काशी की कहानी, काशी की गलियों की तरह ही निराली है।

12. बिना वजह उदासी

कभी-कभी दुखी होने की वजह नहीं मिलती,
फिर भी दिल है कि बहुत रोना चाहता है।
कुछ तो चुभता है इस भीतरी ख़ामोशी में,
पर शब्दों को कोई रास्ता ही नहीं मिलता।
शायद कुछ अधूरे सपने हैं जो बोल नहीं पाते,
शायद कुछ रिश्ते हैं जो ढंग से टूट नहीं पाए।
इन अधूरी बातों का बोझ जब दिल पर ज़्यादा हो जाए,
तब हम खुद को भी ठीक से समझ नहीं पाते।

13. बनारस की गलियों का सवेरा

सुबह के चार बज रहे थे, गलियाँ अभी भी आधी सोई थीं,
पर घंटियों और शंख की ध्वनि से आकाश जाग चुका था।
मंदिरों की आरती, वेद-मंत्रों की लहर,
हर मोड़ पर भक्ति की एक नई कहानी मिलती थी।
धूप अभी गंगा तक पहुँची भी नहीं थी,
पर दीपों की पंक्तियाँ घाटों को जगमगा रही थीं।
कुछ लोग चुपचाप बैठकर शास्त्रार्थ सुन रहे थे,
कुछ ध्यान में, कुछ जप में डूबे थे।
काशी की इन गलियों की यही तो ख़ासियत है,
यहाँ साधारण सुबह भी एक महोत्सव लगता है।

14. अपने मन की सुनो

करो अपने मन की, सुनो सबकी बात,
मगर फ़ैसले में माँ-बाप की खुशी भी साथ लाना।
अपनी हँसी को इस तरह बाँटो दुनिया में,
कि खुद की मुस्कान में सबको अपना घर नज़र आए।
खुशियाँ कभी अकेले जीने की चीज़ नहीं होती,
उन्हें तो बाँटने से ही असली स्वाद मिलता है।
ऐसे काम करो कि माँ-बाप गर्व से कहें,
"ये हमारी औलाद है, ये हमारा अभिमान है।"

15. बेटी कम नहीं, शक्ति का रूप

बेटी हूँ तो क्या हुआ, बेटों से कम नहीं हूँ मैं,
ये मन की सोलह श्रृंगार मेरी कमजोरी नहीं, स्वाभिमान हैं।
जहाँ जाने से तुम इनकार कर देते हो,
वहीं डटकर खड़ी हो सकती हूँ मैं।
बहुत सहा है हमने चुपचाप अन्याय,
अब स्वाभिमान की भाषा में उत्तर देना सीख लिया है।
लाठी, भाला, तलवार, कराटे की धार,
मेरे अस्तित्व की नई परिभाषा हैं ये।
दोकुल, गुरुकुल, घर, समाज -
सबको रोशन करने पृथ्वी पर आई हूँ।
देश-प्रेम और राष्ट्रभक्ति जगाने,
नारी-शक्ति की कविता लिखने आई हूँ।
इतिहास से लेकर आज तक लिख लो,
“बेटी सिर्फ बोझ नहीं, भविष्य की नींव है।”

16. मंज़िल नज़र में हो तो

मंज़िल को सामने रखो, उसे हासिल कर लो,
सिर्फ सपने देखना नहीं, उन्हें साकार कर दो।
तुम्हारा जुनून दुनिया को दिखना चाहिए,
बस ध्यान से, धैर्य से, कर्मों से राह बना लो।
मुश्किलें तो आएँगी - यही उनका काम है,
तुम्हारा काम है उनसे आगे कदम बढ़ाना।
जब मंज़िल तुम्हारे पाँव चूमने लगेगी,
तब दुनिया इसे "क़िस्मत" कहकर बुलाएगी।

17. गुरुकुल का बचपन

वो गुरुकुल का बचपन, वो अष्टाध्यायी के सूत्रों से खेलना,
एक कक्षा से दूसरी कक्षा में जाते-जाते घबराना।
पाठ याद न होने पर प्रार्थना करना -
"हे प्रभु! आज गुरुमाँ न पूछें हमसे।"
कभी पढ़ने के लिए डाँट,
कभी लड़ने पर हल्की सज़ा।
पर बिना डाँट के हमारा दिन पूरा नहीं होता था,
ये भी तो प्यार की ही एक भाषा थी।
कभी चुपके से सो जाना प्रार्थना-समय में,
कभी भूख लगने पर घंटी का बेसब्री से इंतज़ार।
कभी घरवालों के आने पर दिन गिन-गिन कर काटना,
ये सब मिलकर "गुरुकुल-बचपन" की कहानी बन गए।
आज भी जब याद आती हैं वो शरारतें,
तो लगता है - यही दिन सबसे अनमोल थे।

18. माँ-बाप का ऋण

गर्व होता है कि मैं उनकी बेटी हूँ,
जो खुद मुश्किल सहकर मुझे सुख देते हैं।
कैसे चुका पाऊँगी मैं ये ऋण उनका,
सोच कर भी आँखें भर आती हैं।
बस एक ही सपना है इस जीवन में मेरा,
उनका नाम दुनिया में सबसे ऊँचा हो जाए।
मैं जहाँ-जहाँ जाऊँ, लोग पहले ये कहें,
"ये किसी महान माँ-बाप की पुत्री है।"

19. संस्कृतार्थी होने का अभिमान

देखो ज़रा ध्यान से सुनना मेरी ये बात,
दिल से कह रही हूँ मैं भारत-भाषा की सौगात।
देश की बात करोगे तो भारत जैसा देश न मिलेगा,
यहाँ जन्म लेकर गर्व से कहना - "हम भारतीय हैं।"
भाषाओं की जननी है हमारी संस्कृत भाषा,
उठकर गर्व से कहना - "हम संस्कृतार्थी हैं।"
रक्त में वेद, मुख में संस्कृत के मंत्र बसे हैं,
गुरुकुल ने जीने की कला सिखा दी हमको।
शब्द अपशब्द न हों, यही तो संस्कार हैं हमारे,
रग-रग में वेदांग, कण कण में वेदान्त हमारे सहचर हैं।

20. हारना भी मंज़ूर है

हारना भी मंज़ूर है मुझे,
पर कोशिश किए बिना लौटना मंज़ूर नहीं।
जीत कर दिखाऊँगी खुद को ही नहीं,
उन सबको भी जो मुझे कमज़ोर समझते हैं।
नाज़ुक कली समझने की भूल मत करना,
मैं वो धार हूँ जो आसानी से कटती नहीं।
बिन मंज़िल पाए रुकना मेरी फ़ितरत नहीं,
ठोकरों से ही कदमों को मज़बूती मिलती है।

21. खोए हुए रास्ते, खोए हुए दोस्त

वो रास्ते किधर खो गए, जो सपनों में आया करते थे,
वो पत्थर कहाँ चले गए, जो रोज़ हमें ठोकर देते थे।
अब न वो मोड़ नज़र आते हैं, न वो कच्ची पगडंडियाँ,
बस सीधी-सी दुनिया है, और उलझी-सी ज़िंदगियाँ।
वो दोस्त कहाँ चले गए, जो साथ हँसा करते थे,
जो हर बात पर कंधे से कंधा मिला किया करते थे।
अब तो यादों की गली में उनकी परछाईं भी कम दिखती है,
जैसे किसी पुराने गीत की धुन धुंधली हो गई हो।
ए मेरे दोस्त, तुम जहाँ भी हो, खुश रहना बस इतना कहना है,
मैं अब भी वही पुरानी गलियों में हमारी हँसी ढूँढ लिया करती हूँ।

22. साथ चलने वाले

सर पर हाथ है माँ-बाप का,
जीवन में साथ है भाई-बहन का।
फिर फ़िक्र किस बात की हो जाए,
जब गुरुजन का आशीर्वाद भी साथ हो।
ऐसे में रुकना कैसा, डरना कैसा,
मंज़िल की ओर बढ़ते रहना ही धर्म है।
जब इतने हाथ दुआ में उठे हों हमारे लिए,
तो असफलता भी एक दिन शर्मिंदा हो जाएगी।

23. ब्रहममुहूर्त की बेला

ब्रह्ममुहूर्त की बेला, वेद-ध्वनि से सुबह की शुरुआत,
संकल्प कि आज दिन भर संस्कृत ही बोलना है।
गुरु-माता के चरणों में झुककर आशीर्वाद लेना,
और फिर स्वाध्याय में पूरे मन से तल्लीन हो जाना।
ओम् की गूँज से जब पूरा प्रांगण भर जाता,
तो जैसे हवा भी मंत्रों का जप करने लगती है।
ध्यान, प्राणायाम, व्यायाम -
शरीर को साधते-साधते मन खुद मज़बूत हो जाता है।
ब्रह्ममुहूर्त में उठना कठिन ज़रूर है,
पर जो इस परीक्षा में पास हो जाए, उसे ही "रत्न" मिलते हैं।

24. मंज़िल के राहगीर

हम मंज़िल के राहगीर हैं,
थोड़ा सब्र तो करना ही होगा।
जितना सब्र कराना है, करा ले ज़िंदगी,
पर हम बिना मंज़िल के लौटने वालों में नहीं।
थकान को चुपचाप सहना हमने सीख लिया,
आंसुओं से आँखें कम, दिल ज्यादा धोते हैं।
मंज़िल देर से मिले तो और अच्छा है,
कम से कम क़दर करना तो सीख जाएँगे।

25. पिता से मिलने की ख्वाहिश

बेटी हूँ, इसीलिए शायद ज़्यादा भावुक हूँ,
पिता से मिलने की ख्वाहिश कब से मन में पली है।
वो कहते हैं - "जल्द ही मिलेंगे, काम बहुत है",
मगर ये "जल्द" सालों की दूरी में बदल जाती है।
वो सोचते हैं, मैं समझ जाती हूँ उनकी मजबूरी,
मैं सचमुच समझती भी हूँ, पर मन फिर भी रूठ जाता है।
एक बार खुलकर हँसूँ उनके साथ,
थोड़ा सा बचपन वापस जी लूँ उनके पास।
बस इतनी-सी ख्वाहिश है मेरी,
आपके साथ के कुछ पल पूरी जिंदगी को हल्का कर देती
है

26. माँ लिखते-लिखते कलम रुक जाए

कलम की इतनी क्षमता कहाँ, जो माँ पर कुछ लिख पाए,
कोई शब्द नहीं जो उनका पूरा धन्यवाद कर पाए।
हर पन्ना उनकी मेहनत के आगे छोटा पड़ जाता है,
हर वाक्य उनकी ममता के आगे झुक जाता है।
जितना भी लिखूँ माँ के लिए, कम ही लगता है,
वो तो मेरी "स्मृति" में ही समा सकती हैं बस।
नतमस्तक हूँ उस ममता की मूरत के आगे,
काश माँ को लिखने लायक कोई गुण मुझमें होता।

27. दीदी, मुझे मत भूलना

हम जिस बहन के साथ रहे,
वो आज हमसे जुदा हो गई।
जुदा ऐसी हुई कि लगता है,
जैसे हमसे थोड़ी ख़फ़ा हो गई।
बस एक बात कहूँगी दीदी,
अपनी बातों में मुझे भी शामिल रखना।
छोटी बहन हूँ मैं, ये भूल न जाना,
मेरे लिए तुम माँ से कम नहीं हो।
माँ-पिता से दूर होकर तुम्हारी छाँव में पली हूँ,
स्मृति हूँ मैं, मुझे अपनी स्मृतियों में ज़रूर रखना।

28. दुश्मन से दोस्त तक

दोस्ती-दोस्ती में ही नफ़रत की आग लग जाती है,
कभी-कभी दोस्ती ही दुश्मनी में बदल जाती है।
फिर मन कहता है, काश दुश्मन भी दोस्त बन जाते,
और जो अपने थे, वो कम से कम दूर न जाते।
दुश्मनी करके ज़िंदगी क्यों खराब करें हम,
जब मुस्कुराकर भी तो जीत हासिल की जा सकती है।
जब दुश्मन बढ़ने लगें तो समझ लो,
तुम्हारे नाम की चर्चा अब आम हो गई है।

29. वो बचपन कितना प्यारा था

ठंडी-सी हवाएँ, हल्की-सी फुहारें,
और हम आँगन में दौड़ते-भागते बच्चे।
वो समय कितना सुनहरा था,
वो बचपन कितना प्यारा था।
जब छोटे थे तो ज़रा-ज़रा सी बात पर मार पड़ती थी,
बड़े हुए तो डाँट में छिपी नसीहतें मिलने लगीं।
कुछ समय बाद ये डाँट भी कम हो गई,
और हम ही कहने लगे - "डाँटो न, अच्छा लगता है।"
माँ की गोद, पिता का कंधा,
दादी-नानी की कहानियाँ,
भाई-बहन की लड़ाइयाँ,
दोस्तों के साथ की शरारतें -
कभी-कभी दिल चाहता है,
काश वो बचपन फिर लौट आता।

30. सपनों का सफ़र

सपनों को पूरा करने का इरादा बाँध लिया है,
वादा नहीं, करके दिखाने का प्रण लिया है।
आशाएँ जो सबने मुझसे जोड़ी हैं न,
उन सबका भार सिर पर सजाकर चलना है।
रात भर जागकर अब इश्क़ किताबों से है,
मंज़िल मिले बिना रुकना हमारा अंदाज़ नहीं।
कोशिश इतनी करूँगी कि मुकद्दर लिखने बैठ जाए,
नींद अधूरी हो तो भी चल जाएगा, सपना पूरा होना चाहिए।

31. प्रकृति की गोद में

अनोखी प्रकृति है, जिसे समझ पाना आसान नहीं,
हर ओर ईश्वर की बनायी एक नयी कलाकृति दिखती है।
हरे-भरे वृक्ष, पत्तों की सजावट,
फूलों की महक, मिट्टी की सौंधी खुशबू मन छू जाती है।
हवा के हल्के झोंके, चिड़ियों का कलरव,
खेतों में लहराती फसल और ताज़े पत्तों का नृत्य।
प्रकृति मुस्कान भी देती है और सुकून भी,
सिर उठाकर देखो तो आसमान भी कहानी सुनाता है।
जो दुःख में डूबा हो, वो प्रकृति की गोद में चला जाए,
थोड़ी देर में उसका मन खुद-ब-खुद हल्का हो जाएगा।

32. शब्दों की दुनिया

कुछ करने को जी चाहता है, कुछ लिखने को मन,
पर शुरू कहाँ से करूँ, ये समझ नहीं आता।
ये शब्दों की दुनिया भी बड़ी अजीब है,
कहाँ शुरू, कहाँ ख़त्म - रेखा ही नहीं मिलती।
जब लिखने बैठती हूँ तो अक्षर कम पड़ जाते हैं,
जब बहाव आता है तो व्यवधान आ जाते हैं।
शायद ख्वाहिशों ने अभी खुद को छुपा रखा है,
जो हर बार आकर भी परदे के पीछे लौट जाती हैं।

33. गाँव की रातें, परिवार की बातें

वो पुराने दिन, गाँव की रात, परिवार का साथ,
बगीचे तक दौड़ते-भागते जाना दोस्तों के साथ।
शाम होते ही घर लौट आना,
और दादा-दादी से प्यारी-सी कहानियाँ सुनना।
आसमान में टिमटिमाते तारों को गिनने बैठना,
ठंडी हवा में हँसते-हँसते पेट दुखने लगना।
कच्चे मकान, झोपड़ी, और मिट्टी की खुशबू,
सब कुछ मिलकर दिल में एक मीठा घर बना गए।
गाँव की यादों में सबसे खास यही पल हैं,
परिवार के संग बीते वो सुनहरे रात-दिन।

34. हमसफ़र की तलाश

सफ़र में सफ़र को हमसफ़र की तलाश होती है,
जीवन के हर मोड़ पर किसी अपने की ज़रूरत होती है।
तलाशते-तलाशते उम्र का एक हिस्सा निकल गया,
मगर वो हमसफ़र अब तक पहचान में नहीं आया।
कौन है, कहाँ है, किस गली में छुपा है मेरा साथी,
ये सोच-सोचकर भी दिल थक नहीं पाता।
मेरे दिल में उसके नाम की धड़कन धड़कती है,
पर शायद खुदा ने मिलन को कुछ देर और टाल दिया है।

35. नज़रों का कमाल

अजीब-से लोग, अजीब-सी दृष्टि,
कभी इशारों की आँधी, कभी बातों की वर्षा।
कभी मेरी सादगी पर नज़रें टिकती हैं,
कभी मेरे वेश-भूषा पर टिप्पणियाँ होती हैं।
कभी मेरी आदतें उन्हें भाती हैं,
कभी वही आदतें खटकने लगती हैं।
कभी मेरे चर्चे, कभी मेरा चुप रहना,
दोनों ही उन्हें परेशान कर जाते हैं।
सच में, लोगों के नज़रिये का भी कमाल है,
एक ही इंसान, पर हर आँख में अलग-अलग रूप।

36. एहसासों की दुनिया

एहसास करोगे तो जीवन गहराई में उतर जाएगा,
सिर्फ ऊपर-ऊपर जीने से बात समझ न आएगी।
एहसास ही तो है जो सांसों को अर्थ देता है,
वरना चलती तो सबकी साँस ही है।
मेरी ज़िंदगी अब एहसासों में सिमट गई है,
हर खुशी, हर ग़म एक नया रंग भरता है।
मैं चाहती हूँ जीवन को भरपूर महसूस करना,
ताकि कभी न कहूँ - "मैंने अधूरा जिया है।"

37. जिंदगी के अजीब दिन

ज़िंदगी में अजीब-अजीब गंधें आती हैं,
कभी सुगंध, कभी दुर्गंध, दोनों ही साथ।
कभी सुख के मौसम, कभी दुख की बरसात,
कभी हँसी के झोंके, कभी आँसुओं की रात।
उतार-चढ़ाव भी अजीब-अजीब से आते हैं,
कभी जवाबों से ज्यादा सवाल मिलते हैं।
कभी कुछ अनजाने से "जनाब" मिल जाते हैं,
जो ज़िंदगी को नया मोड़ दे जाते हैं।
शायद यही मिश्रण ज़िंदगी को ज़िंदगी बनाता है,
वरना सीधी रेखा में भी भला कौन जी पाता है?

38. अपना लक्ष्य अपना

किसी के सहारे दोस्तो, जिया नहीं जाता,
किसी और के लक्ष्य में नाम लिखा नहीं जाता।
सफ़र अपना, मंज़िल अपनी, राह अपनी होनी चाहिए,
फिर दुश्मनी किस बात की, जब दौड़ भी अपनी हो।
जुनून को आईने की तरह सामने रखो,
रास्ता चाहे जितना टेढ़ा हो, नज़र मंज़िल पर रहनी चाहिए।
अँधेरों से डरकर दिये नहीं बुझाए जाते,
दिये जलाकर ही तो अंधेरे का क़द घटता है।

39. मन का सवाल

यूँ बैठे-बैठे मन में एक खयाल आया,
क्यों करती है वो मुझसे ऐसी बातें - ये सवाल आया।
सोचा, पूछूँ उससे सीधे-सीधे एक दिन,
फिर सोचा, शायद मैं ही ज़्यादा सोच रही हूँ।
दिल झकझोर उठा, न जाने ये कैसा सवाल था,
क्या मैं उसकी नज़र में ग़लत समझी जाती हूँ?
फिर सोचा, कुछ पंक्तियाँ लिख दूँ उसके नाम,
शायद मेरी ख़ामोशी वो शब्दों में पढ़ पाए।
यही सोचकर कलम उठा ली मैंने,
मन का आधा बोझ तो यूँ ही हल्का हो गया।

40. दो रूप - एक माँ

दो लोगों में कितना अंतर होता है,
जैसे अग्नि और जल में होता है।
एक जल सी शीतल, ममता बरसाती है,
दूसरी अग्नि सी, अनुशासन सिखाती है।
कभी शीतल सी माँ प्यार से सीने से लगा लेती है,
कभी अग्नि सी वही माँ आगे बढ़ने को धकेल देती है।
सच कहूँ तो दुनिया को दोनों ही रूपों की ज़रूरत है,
एक माँ में ही ये दोनों रूप मिल जाते हैं।

41. कुछ काम ऐसा हो...

कुछ काम ऐसा हो जो गुरु का नाम रोशन कर जाए,
कुछ सपने ऐसे हों जो समाज के लिए दिशा बन जाएँ।
बोलो ऐसा कि किसी के लिए प्रेरणा बन जाओ,
सुनो ऐसा कि हर दुखी का सहारा बन जाओ।
लिखो ऐसा कि गहराइयों में उतर जाए शब्द,
और पढ़ने वाला अपने आप से मिल पाए।
चलो ऐसे कि पीछे आती पीढ़ी राह पहचान ले,
रुको ऐसे भी नहीं कि लोग तुम्हारा हार समझ ले।
इसी को तो कहते हैं ज़िम्मेदार जीवन जीना,
जहाँ "मैं" से ऊपर उठकर "हम" दिखाई दे।

42. जिम्मेदारियों से भरा इंसान

एक ज़िम्मेदारी से भरा इंसान होता है,
जो हमारी हर छोटी-बड़ी आशा पूरी करने को तैयार।
अपना खून-पसीना एक करके भी मुस्कुराता है,
हमारी एक मुस्कान के लिए ख़ुद का चैन बेच आता है।
हम जब मदद करना चाहते हैं तो कह देते हैं,
"अभी तुम्हारी उम्र नहीं, तुम बस पढ़ो।"
काश उनके नज़र में कभी बड़े भी हो पाते हम,
ताकि उनके कन्धों का बोझ हम भी उठा पाते।

43. दर्दनाशक शब्द - माँ

एक शब्द दर्दनाशक है,
एक शब्द मुस्कान का रूप है।
एक शब्द जिसके बिना दुनिया अधूरी लगे,
वो शब्द है "माँ" - जो मन से खुद ही निकल जाता है।
दर्द में भी सबसे पहले उसी का नाम आता है,
उसके स्पर्श से जैसे सारी पीड़ा बह जाती है।
पूरी दुनिया में एक ही ऐसा अस्त्र है प्रेम का,
जो माँ के रूप में हर हृदय में चमकता है।

44. माँ का आँचल

एक शब्द बड़ा अनूठा, एक रूप बड़ा प्यारा,
एक आँचल इतना शीतल, कि दुःख भी सो जाए उसमें।
वो माँ है, जो अपने आँचल में दुनिया समेट लेती है,
और खुद का दुःख तकिये के नीचे छुपा देती है।
जो माँ के पास रहते हैं, सच में भाग्यशाली हैं,
जो उसके आँचल में पले, वो सबसे अधिक सुरक्षित हैं।
काश सब बेटे समझ पाते उसके त्याग को,
जो हज़ारों पीड़ाएँ सहकर हमें जन्म देती है।

45. पिता के नाम की धड़कन

वो इंसान जो दिन-रात हमारे लिए सोचता है,
धूप-बारिश से लड़कर भी बस हमारे लिए खड़ा रहता है।
कभी समय से पहले, कभी काम के बीच में ही,
हमारी छोटी मांग पर भी तुरंत दौड़ आता है।
वो हमें हमेशा बच्चा ही समझता है,
जिम्मेदारी देने से डरता है कहीं हम थक न जाएँ।
काश एक दिन हम इतने बड़े हो जाएँ,
कि लोग हमें देखकर कहें - "यह फ़लाँ पिता की बेटी है।"

46. यादों का सहारा

किसी को याद करके खुद ही मुस्कुरा देती हूँ,
किसी को याद करके खुद ही रो लेती हूँ।
ये दुनिया शायद मेरे दुख-सुख नहीं समझती,
इसलिए दिल ने ख़ुद को ही अपना राजदार बना लिया है।
किसी की कमी है जो हर धड़कन में महसूस होती है,
उसके नाम पर ही जिंदगी का एक वादा कर दिया है।
दिल लगाने से इनकार था, पर दिल ने मान लिया,
अब उसके लिए मैंने अपना इरादा भी बदल लिया।

47. दोस्ती के दिन

वो दिन कितना सुनहरा था जब हम साथ यात्रा करते थे,
वो शामें कितनी प्यारी थीं जब साथ-साथ खेलते थे।
अब सोचती हूँ क्यों हम खुद ही दूर होने की बातें करते थे,
आज दूर हैं तो पास आने की हर राह खोजते हैं।
वो रातें जब बैठकर देर तक बात किया करते थे,
वो हँसी जो बिना किसी कारण भी टूट पड़ती थी।
काश वो दोस्त फिर से मिल जाएँ किसी मोड़ पर,
फिर से हम "हम" बनकर सारी दुनिया भूल जाएँ।

48. बचपन की खुमारी

माँ का प्यार कितना सुहाना था,
पिता की डाँट में भी अपनापन था।
भाई-बहन से लड़ाई भी मजेदार थी,
बचपन के दोस्त तो जैसे जादूगर थे।
कभी-कभी सोचती हूँ काश वो दिन लौट आते,
फिर से पापा का हाथ पकड़कर पूरे गाँव घूम आती।
माँ की गोद में सिर रखकर चैन से सो जाती,
और कहती - "मत भेजो मुझे इतनी दूर, माँ।"

49. छुपे हुए राज

दुनिया में कितनों ने राज छुपाकर भी चैन से जी लिया,
न डर, न फ़िक्र कि सच सामने आएगा।
जिन्होंने मुझसे अपने राज छुपाए,
उन्हें लगा शायद मैं कभी समझ ही नहीं पाऊँगी।
पर उन्हें क्या पता, मैं उनकी ख़ामोशी पढ़ गई हूँ,
चेहरों की लकीरों में सच देख लेना सीख लिया है।
अब बस सही समय का इंतजार है मुझे,
जब सच खुद उनकी ज़ुबान से बाहर आ जाएगा।

50. माँ-बाप ही मेरी दुनिया

दिल में है तू, जिसे कभी छुपाती नहीं मैं,
दुनिया में सबसे ज़्यादा तुझे ही बसाती हूँ मैं।
सुबह-शाम उठकर जिनको याद करती हूँ,
वो कोई और नहीं, मेरी प्यारी माँ ही तो है।
जिसके दिल में सिर्फ मेरे लिए जगह है,
जिसकी हँसी में मेरी साँसें बसती हैं।
पिता की हर चिंता अपने पास संजोई है,
उनके माथे की लकीरों को पढ़ना सीख लिया है।
जब हम मुस्कुराते हैं, तब उनके दुख हल्के हो जाते हैं,
हम दूर होते हैं तो उनकी धड़कन भी धीमी हो जाती है।
हमारी दुनिया की शुरुआत भी माँ-बाप से,
और अंत भी इन्हीं के नाम के साथ होना चाहिए।
फिर क्यों किसी और से बेइंतहा उम्मीद रखें,
जब हमारे लिए सबसे बड़ा "प्यार" तो घर पर ही है।

51. नारी की मुट्ठी में शक्ति

मुट्ठी बाँध कर जब उसने,
अपने डर को तोड़ा था,
छुपे हुए साहस ने अंदर से
कह कर उसे ही जोड़ा था।

अब डर नहीं किसी परछाईं का,
न कोई आँसू बहाती है,
शक्ति-रूपिणी बनकर अब
हर बाधा को ललकारती है।

चलना सीखा इक दुर्जय राह पर,
गिरकर फिर उठ जाना,
बनकर आँधी, बिजली, अग्नि
अपनी सीमा खुद फैलाना।

नारी है तो नर्म भी है,
पर नरम होना कमजोरी नहीं,
जब उठती है वो धर्म हेतु –
उससे बड़ी कोई योद्धा नहीं।

52. मैं वीरांगना हूँ

मैं वीरांगना हूँ—अग्नि सी जलती,
अपने दम पर दुनिया की राहें बदलती।
मैं वीरांगना हूँ—हिम्मत की उड़ान,
भारत की बेटी, मेरा है ये अभिमान।

तलवार की चमक में दिखती पुरखियों की शान,
लक्ष्मीबाई, किरण बेदी—हर युग में उनका मान।
आज की बेटी निर्भय होकर कदम बढ़ाए,
सीना तान खड़ी है अब अपने हक के लिए लड़ जाए।

योग से मिलता संतुलन, ध्यान से दृढ़ मन,
हर कदम पर सीख रही—लड़की होना शक्ति-चिन्ह।
आर्य-वीरांगना दल का साहस, मेरा अभिमान,
नारी हूँ, पर मेरे भीतर—बसी है शक्ति महान।

मैं वीरांगना हूँ—धर्म की रखवाली,
दुनिया बदलेगी, सुन लो मेरी ये ललकारी।
मैं वीरांगना हूँ—अविचल, अडिग, महान,
भारत की बेटी, मेरा है गर्व-गान!

लाठी की गूँज में शक्ति, भाले की धार में तेज,
कराटे की हर मुद्रा में छुपा है मेरा संदेश।

नारी हूँ पर नाज़ुक नहीं, जंजीरों को तोड़ूँ मैं,
अन्याय की हर दीवार पे हिम्मत बनकर चढ़ जाऊँ मैं।
मैं वीरांगना हूँ—अग्नि सी जलती,
अपने दम पर दुनिया की राहें बदलती।
मैं वीरांगना हूँ—हिम्मत की उड़ान,
भारत की बेटी, मेरा है ये अभिमान।

53. रणचंडी का आह्वान

मैं गुरुकुल की एक कन्या हूँ,
शास्त्रों का ज्ञान मैं पाती हूँ,
पर आज समय की मांग यही,
शस्त्रों का मान बढ़ाती हूँ।
वेद-पुराणों के पन्नों में,
जो शौर्य कथाएं गाई हैं,
आत्मरक्षा के रूप में मैंने,
वो अपने भीतर जगाई हैं।

कराटे और मार्शल आर्ट,
अब केवल कोई कला नहीं,
ये ढाल हैं हमारे सम्मान की,
कोई नारी अब छला नहीं।
जब सूनी राहों में कोई दानव,
अपनी बुरी नज़र गड़ाए,
तो हमारी मुट्ठी का प्रहार उसे,
उसकी असली औकात बताए।

कोमल अंगों में अब हमने,
फौलादी ताकत गढ़ी है,
'अबला' कहकर ना पुकारो,
ये रणचंडी अब खड़ी है।
हर प्रहार का कड़ा उत्तर हम,
दुगने वेग से दे पाएँ,
हर लड़की सीखे जूडो-कराटे,
जग को आज यह बतलाएँ।

चिंगारी को हवा लगे तो,
वह भी ज्वाला बन जाती है,
जब नारी ठान ले मन में कुछ,
तो इतिहास नया रच जाती है।
हमें नहीं चाहिए सुरक्षा अब,
किसी और के हाथों में,
हमारे दांव-पेंच ही काफी हैं,
इन अंधेरी रातों में।

सुनो सखियों, बहनों मेरी,
अब डर कर हमें नहीं है जीना,
सीखो युद्ध कौशल तुम सारे,
और तान के रखो अपना सीना।

स्मृति आर्या

गुरुकुल के इस पावन प्रांगण से,
मेरा बस यही संदेश है,
जब सशक्त और निर्भय होगी बेटी,
तभी सुरक्षित अपना देश है!

कृतज्ञता संदेश

इस काव्य-यात्रा *"चित्त-चंपा"* के अंतिम पृष्ठ पर पहुँचकर मेरा हृदय विनम्रता और कृतज्ञता से पूर्ण हो उठता है।

इन कविताओं में जो भाव, जो अनुभव और जो संवेदनाएँ संजोई गई हैं–वे केवल मेरी नहीं, मेरे जीवन से जुड़े उन सभी व्यक्तियों की धरोहर हैं जिन्होंने किसी-न-किसी रूप में मुझे गढ़ा, संवारा और आगे बढ़ने की प्रेरणा दी।

मैं अपने माता-पिता, गुरुजनों, गुरुकुल, अपनी भगिनियों और उन सभी शुभचिंतकों के प्रति हृदय से कृतज्ञ हूँ, जिन्होंने मुझे शब्दों की शक्ति सिखाई, मन की नर्म ध्वनियाँ सुनना सिखाया, और जीवन की कठिनाइयों को भी मुस्कान के साथ स्वीकारना सिखाया।

आप सभी के स्नेह, आशीर्वाद और विश्वास ने ही इन कविताओं को जन्म दिया है।

आपके प्रेम, समर्थन और मार्गदर्शन के बिना *"चित्त-चंपा"* सम्भव नहीं था।

हृदयतल से–

स्मृति आर्या

कृतज्ञता संदेश

|| विशेष कृतज्ञता ज्ञापन ||

कहते हैं कि यदि किसी कार्य में सच्ची लगन हो, परिश्रम निष्काम हो और अपने लक्ष्य के प्रति संकल्प दृढ़ हो, तो संपूर्ण प्रकृति उस कार्य को सिद्ध करने में हमारी सहयोगी बन जाती है।

ऐसे ही एक देवतुल्य महानुभाव हमारे जीवन में प्रकाश-पुंज बनकर आए, जिनका स्मरण और आभार व्यक्त किए बिना इस पुस्तक का समापन संभव ही नहीं है।

वे हैं काशी के गौरव, बहुमुखी प्रतिभा के धनी और पाँच बार 'गिनीज़ वर्ल्ड रिकॉर्ड' से सम्मानित आदरणीय डॉ. जगदीश पिल्लई सर। वे न केवल अनगिनत सद्गुणों की प्रतिमूर्ति हैं, बल्कि एक अत्यंत सहृदय इंसान भी हैं।

हम बहन-बेटियों के प्रति उनका वात्सल्य, संवेदना और सुरक्षा का भाव अवर्णनीय है। हमारे जीवन-पथ पर आगे बढ़ने के लिए उन्होंने अपने अमूल्य मार्गदर्शन में कभी कोई कमी नहीं आने दी; मानो एक वटवृक्ष की भाँति हमेशा अपनी छाँव हम पर बनाए रखी हो।

यह कविता-समारोह आज जो एक साकार पुस्तक के रूप में आप सभी के समक्ष प्रस्तुत है, वह केवल और केवल उन्हीं की पावन प्रेरणा और शुभाशीष का ही सुखद परिणाम है।

आपको हृदय की गहराइयों से हमारा कोटि-कोटि नमन, सर!

ईश्वर से हमारी यही करबद्ध प्रार्थना है कि वे आपको उत्तम स्वास्थ्य और दीर्घायु प्रदान करें, ताकि हम जैसी अनेकों बहन-बेटियों को आपका यह वात्सल्यपूर्ण संरक्षण, असीम स्नेह और अमूल्य आशीर्वाद सदैव प्राप्त होता रहे।

सदैव आपकी आभारी,

स्मृति आर्या

संपर्क

EMAIL : smritiarya@proton.me

"लोकाः समस्ताः सुखिनो भवन्तु"

www.ingramcontent.com/pod-product-compliance
Lightning Source LLC
LaVergne TN
LVHW101616210926
848480LV00009B/698